Nina Hundertschnee

Mia schafft das schon

Kleine Geschichten vom Größerwerden

Mit Illustrationen von Julia Gerigk

Kaufmann Verlag

Bibliografische Information der Deutschen Bibliothek
Die Deutsche Bibliothek verzeichnet diese Publikation in der Deutschen Nationalbibliografie;
detaillierte bibliografische Daten sind im Internet unter http://dnb.ddb.de abrufbar.

1. Auflage 2018
© 2018 Verlag Ernst Kaufmann, Lahr

Printed by Balto print

ISBN 978-3-7806-6329-0

Inhalt

Auf geht's in den Kindergarten

Manchmal kommt sich Mia richtig klein vor. So klein wie eine Ameise. Und die Erwachsenen sehen dann riesig aus, so groß wie Dinosaurier. Dabei wird Mia doch jeden Tag ein kleines Stück größer. An der Kinderzimmertür hat Papa deshalb eine Messlatte für sie angebracht.

Jeden Morgen schaut Mia nach, wie groß sie geworden ist. Heute Nacht bin ich bestimmt richtig viel gewachsen, denkt sie und streckt sich erst einmal. „Ich bin jetzt fast so groß wie du", sagt sie zu Mama, die gerade ins Kinderzimmer kommt. Mama schmunzelt und schiebt die Vorhänge beiseite. „Aufstehen, meine kleine Große. Es ist Zeit, in den Kindergarten zu gehen."

Kindergarten? Das ist doch was für KLEINE Kinder, findet Mia. Nichts für Kinder, die über Nacht größer geworden sind und bald in die Schule kommen. Die Sonne lacht ins Zimmer, aber Mia ist nicht nach Lachen zumute.

„Ich will nicht in den Kindergarten!", mault sie und verschränkt die Arme. Mama streichelt ihr über den Kopf. „Aber Mia, du kannst doch nicht alleine zu Hause bleiben."

„Ich bin ja gar nicht alleine", sagt Mia und drückt Wolle, ihr Kuschelschaf, fest an sich. Um sie herum sind noch viele

andere Kuscheltiere, die auf sie aufpassen können –
der Löwe Lukas oder die Puppe Lisa zum Beispiel. Und
dann sind da auch noch der Teddy von Oma und Opa,
die Mäusefamilie und die kunterbunte Raupe.

„Pass mal auf, du kannst dein Schaf ja mitnehmen",
schlägt Mama vor. „Jetzt gibt es aber erst einmal Frühstück. Komm!"

Mia mag aber nicht frühstücken. Sie will weiter im
Bett bleiben und warten, bis sie groß genug für die
Schule ist. Doch Mama zieht die Bettdecke weg. „He!"
Das ist aber gar nicht nett von ihr, findet Mia.

Mia setzt sich mit Schmollmund an den Küchentisch.
Sie hat überhaupt keinen Hunger. Erst löffelt sie noch
lustlos in ihrer Müslischale herum. Aber dann stellt
Mia doch fest, dass frühstücken ganz lustig ist, wenn
man mit dem Löffel Wellen macht. Die Cornflakes

sind Schiffe auf hoher See und die Milch ist das Wasser, in dem ein Orkan tobt.

„Mia, iss ordentlich!", ermahnt Mama sie und will die Schale mit den Cornflakes festhalten. Aber da passiert es: Eine große Milchwelle spritzt über den Rand und macht sich auf Mamas blauer Bluse breit. Ein paar von den Cornflakes-Schiffen sind auch dort gelandet. „Au Backe!", denkt Mia und macht ein unschuldiges Gesicht.

„Das reicht!" Mama springt auf und holt einen Lappen, um die Milchpfütze vom Tisch zu wischen. Dabei sieht sie richtig wütend aus. Ihre Augen funkeln und ihre Lippen beben. „Dann fällt das Frühstück eben aus. Wir sind eh spät dran und nun muss ich mir auch noch eine neue Bluse anziehen." Mama stapft ins Badezimmer und wäscht den Fleck aus der Bluse heraus. Danach reicht sie Mia ein paar Anziehsachen: die Ringelstrumpfhose, den Jeansrock und den rosa Herzchenpulli. Eigentlich sind das Mias Lieblingssachen, nur heute nicht. Mia mag sich einfach nicht anziehen, denn ihr Schlafanzug ist so kuschelig warm und weich.

„Wir müssen uns beeilen", drängelt Mama und legt Mia die Anziehsachen aufs Bett. „Sonst kommst du zu spät in den Kindergarten und ich zu spät ins Büro." Mama geht wieder ins Bad, um sich umzuziehen.

Mia soll sich in der Zwischenzeit fertig machen, doch da fällt ihr Blick auf die Kuschelmäuse. „Wie seht ihr denn aus?", fragt Mia. Doch die drei antworten ihr nicht. „So könnt ihr aber nicht in den Mäusegarten gehen!"

Mia versucht, genauso streng wie Mama zu klingen. Sie will ein paar schöne Sachen raussuchen. Aber was kann so kleinen Mäusen nur passen? Mia überlegt eine Weile und dann fällt ihr Blick auf die Sockenkiste. Na klar! Jedes Mäusekind bekommt eine Socke übergestülpt. Die anderen Kuscheltiere sind auch noch nicht angezogen. Der Teddy teilt sich mit dem Löwen Mias Herzchenpulli. Und die kunterbunte Raupe kriecht in die Ringelstrumpfhose hinein.

„Wunderbar!" Mia klatscht zufrieden in die Hände.

„Bist du fertig?", fragt Mama und schaut kurz ins Kinderzimmer hinein. Erst sieht sie die angezogenen Kuscheltiere und macht ein verdutztes Gesicht. Dann sieht sie Mia, die immer noch im Schlafanzug steckt, und ihr Gesicht wird ernst. „Du sollst dich doch fertig machen", sagt Mama ungeduldig.

„Kann ich dann mit dir ins Büro?", fragt Mia. Denn wer in ein Büro gehen darf, der muss nicht in den Kindergarten, so viel steht fest.

„Nein", sagt Mama und öffnet Mias Kleiderschrank. „Das geht heute nicht. Ich habe eine wichtige Besprechung." Mama reicht Mia ein paar neue Sachen, in denen keine Kuscheltiere stecken. „So, ich muss mich jetzt schnell noch frisch machen", sagt sie. „Und wenn ich fertig bin, dann bist du es auch." Hastig rennt Mama zurück ins Bad.

Vor Mia liegen die blöde Cordhose und der kratzige Wollpullover, den sie noch nie leiden konnte. Den zieht sie auf gar keinen Fall an!

Plötzlich hat Mia eine Idee. Mit ihrem Kuschelschaf Wolle in der Hand schleicht sie sich aus dem Kinderzimmer hinaus und in das Schlafzimmer von Mama und Papa hinein. Auf dem Bett liegen ganz viele schöne Sachen von Mama. Der blaue Samtpullover ist ganz weich und glänzend. Mama sieht darin immer aus wie eine Königin, findet Mia. Ob Mia ihn einfach einmal anprobieren soll?

Schwupps – schon hat sie ihn sich über den Kopf gezogen. Ein bisschen groß ist er vielleicht, aber nur ein klitzekleines bisschen. Mia fühlt sich wirklich königlich in ihm! Dann entdeckt sie Mamas feine Stöckelschuhe. Zu so einem schönen Pullover braucht man natürlich auch schöne Schuhe.

Soll sie die roten nehmen oder lieber die schwarzen mit den Glitzersteinchen? Mia probiert erst die einen an und dann die anderen. Das ist wirklich eine schwere Entscheidung! Sie grübelt und grübelt und plötzlich hat sie die Lösung: „Ich nehme einfach einen roten und einen schwarzen Schuh! Was meinst du, Wolle?" Das Kuschelschaf nickt begeistert.

Mia fühlt sich richtig erwachsen und außerdem ist sie gleich ein ganzes Stück größer. Nur laufen ist gar nicht so einfach mit diesen Dingern. Wie macht Mama das bloß immer ohne umzukippen? Mia stakst wie ein Storch im Salat durchs Zimmer und rudert mit den Armen, um das Gleichgewicht zu halten.

„Bist du fertig?", ruft Mama da aus dem Bad.

„Jahaaa, gleich!", brüllt Mia während sie auf die Kommode zuwackelt. Dort entdeckt sie Mamas Lippenstift. Mia hat schon oft gesehen, wie sich Mama damit die Lippen angemalt hat, und nun will sie es auch mal probieren. „Das machen Erwachsene so!", sagt sie zu Wolle. Im Malen ist sie richtig gut. Und Kreise malen hat sie im Kindergarten schon ganz oft geübt. „Willst du auch etwas Lippenstift, Wolle?" Nein, Wolle möchte lieber so weiß wie immer bleiben.

„Mia, kommst du?", ruft Mama. „Ich bin fertig!"

„Ich auch!", antwortet Mia. Da steht Mama schon in der Tür. Ihre Augen werden riesengroß und ihr rot geschminkter Mund steht ganz weit offen, als sie Mia sieht.

„Wir können los", sagt Mia und wackelt im Zickzack auf Mama zu. Da fängt Mama an zu lachen. Erst ganz leise glucksend und dann immer lauter. Sie nimmt Mia in den Arm. „Ach, meine kleine Große!" Mama küsst Mia auf die Stirn. „Warte mal, ich habe eine Idee!"

Und dann holt Mama ihren weißen Lieblingspulli, den sie neulich aus Versehen zu heiß und zusammen mit der knallroten Jeans gewaschen hat. Nun ist er klein und rosarot und passt Mama nicht mehr. Aber für Mia ist er genau richtig, wenn man die Ärmel hochkrempelt. Danach wischt Mama Mia noch schnell den Lippenstift ab und kämmt ihr die Haare. Ausnahmsweise darf Mia heute auch Mamas Haarspange mit den Perlen tragen. „Meine kleine, große Mia", flüstert Mama und seufzt. „Du siehst wirklich zuckersüß aus!"

Mia kichert. „Jawohl, das bin ich. Zuckersüß, aber nicht aus Zucker!" Nun sind die beiden endlich fertig und sie können losgehen. Halt! Das Kuschelschaf muss natürlich mit. Zum Glück hat es seinen Wollpulli aber immer dabei.

Einkaufen mit Mama

Mama steht vor dem Kühlschrank und runzelt die Stirn. „Die Milch ist ja schon wieder leer! Und dabei habe ich doch erst vor Kurzem welche gekauft … Mia, hast du sie schon wieder ausgetrunken?"

Mia runzelt auch die Stirn, denkt kurz nach und schüttelt dann den Kopf. „Ich war das nicht", antwortet sie und macht ein unschuldiges Gesicht. „Das muss das Milchmonster gewesen sein!"

„Hmm", macht Mama nachdenklich. „Milchmonster im Haus sind schwer zu vertreiben. Dann müssen wir eben schnell neue Milch einkaufen." Sie zwinkert ihrem Mia-Monster zu und greift nach der Einkaufstasche.

Dann fahren Mama und Mia mit dem Auto zum Supermarkt. Dort angekommen holt Mama einen Einkaufswagen. „Lass mich bitte schieben!", ruft Mia aufgeregt. Mia liebt einkaufen, denn dabei gibt es immer viel zu sehen. Außerdem ist einkaufen ganz einfach – man muss nur nach Dingen greifen und sie in den Wagen legen. Ihn zu schieben ist dagegen gar nicht so einfach, denn er ist ziemlich groß und schwer und Mia ist ziemlich klein und leicht. Aber es macht richtig viel Spaß – besonders, wenn man Tempo macht.

Mama macht sich als Erstes auf den Weg in die Kühlabteilung. „Kommst du, Mia?" Und wie Mia kommt! Mit viel Schwung saust sie den Gang entlang. Mias Augen leuchten vor Aufregung. Doch auf einmal werden ihre Augen groß wie Pizzateller, denn sie rast geradewegs auf ein Regal mit Dosensuppen zu.

Ob sie wohl noch die Kurve bekommt und ausweichen kann? Oder wird sie mitten in die Dosensuppen brettern?

„Breeeeemseeeeen!" Mias Schuhsohlen quietschen fast so laut wie Mama, als sie Mia mit dem Einkaufswagen herum-

schlittern sieht. In letzter Sekunde schafft Mia es, an dem Regal vorbeizulenken. „Puh, das war knapp!" Sie atmet erleichtert auf.

Auch Mama holt tief Luft, aber dann macht sie ein finsteres Gesicht. „Das ist ein Einkaufswagen und kein Rennwagen", sagt sie streng. „Ich schiebe ihn jetzt wohl besser selber."

Als sie am Kühlregal ankommen, ist Mama immer noch ziemlich sauer. Das merkt man an ihren Mundwinkeln – die fangen dann immer an, leicht zu zucken. Mia will ihr deshalb eine Freude machen und sucht schon einmal nach der richtigen Milch. Doch welche ist es nur? Mia steht etwas ratlos vor dem riesigen Regal mit Milchtüten und kann sich einfach nicht entscheiden. „Als ich so klein war wie du, hatten wir keine so große Auswahl", sagt Mama. „Da haben wir die Milch einfach von Bauer Lehmann geholt – direkt von der Kuh in die Kanne!"

„Muh!", macht Mia und beide müssen laut lachen.

Mia mag Kühe und sie liebt Milch, denn aus Milch kann man viele leckere Sachen machen. Eis zum Beispiel. Das ist zwar schrecklich ungesund für die Zähne, aber es schmeckt einfach wahnsinnig gut! Schwupps, landet eine Packung Vanilleis im Einkaufswagen, ohne dass Mama es bemerkt. Sie ist nämlich gerade mit etwas anderem beschäftigt. „Oh, der Kaffee ist im Angebot, da müssen wir zuschlagen!", ruft sie begeistert und überlegt, welche Sorte sie nehmen soll.

„Kaffee? Igitt!" Mia verzieht das Gesicht, als hätte sie in eine saure Zitrone gebissen. Bei Tante Anne durfte sie schon einmal

etwas Kaffee schlürfen, aber der
Tante-Annen-Kaffee war ganz
schön bitter. Mia trinkt lieber
Kinderkaffee, der schmeckt
nämlich tausendmal besser.
Mama entdeckt gerade ein
Angebot nach dem ande-
ren. Zum Kaffee braucht
man ja auch noch Zucker

und der ist heute so günstig wie nie. „Wollen
wir noch etwas Kuchen für nachher mitnehmen?",
schlägt Mama vor.

Da muss Mia natürlich nicht lange überlegen. „Oh ja!", ruft
sie begeistert. „Und Schlagsahne und Schokostreusel und
Gummibärchen!"

„Na, mal sehen", lacht Mama und gibt Mia einen Stups auf
die Nase. Als sie am nächsten Regal vorbeilaufen, entdeckt
Mia die leckeren Kekse, die es bei Oma immer gibt. Falls der
Kuchen nicht schmeckt, wäre es bestimmt gut, noch ein paar
Schokokekse zu haben, überlegt Mia. Nur zur Sicherheit. Und
schnell verschwindet die Kekspackung hinter dem Zucker.
Der Einkaufswagen wird immer voller.

Genau da fällt Mia wieder das Vanilleeis ein. Hoffentlich ist
es noch nicht geschmolzen! „Mama, wir müssen jetzt dringend bezahlen gehen!", drängelt Mia und zupft an Mamas
Ärmel und endlich bewegen sie sich in Richtung Kasse. Doch
dort steht eine lange Schlange. Mia rollt mit den Augen. Sie

hasst es, an der Kasse zu warten, das ist immer so schrecklich langweilig. Außerdem denkt sie an das Eis und dabei
wird ihr heiß und kalt. Während sie ungeduldig hin und her
wippt, sieht sie plötzlich den Stand mit den Süßigkeiten. Als
Mama gerade in einer Zeitschrift blättert, schnappt sich Mia
heimlich eine Packung Kaugummis, öffnet sie und steckt
sich blitzschnell einen Kaugummi in den Mund. Sie kaut und
kaut und kaut, fast so wie eine Kuh von Bauer Lehmann.
Das macht Spaß!

Mit Kaugummis kann man riesengroße Kaugummiblasen
machen. Groß und größer, wie ein Luftballon. Mia stellt sich
vor, wie sie mit dem Kaugummiluftballon in den Himmel
steigt und mit dem Vanilleeis unterm Arm an der Kasse vorbei nach Hause fliegt. Sie winkt Mama zu und genau in dem
Moment … PENG! Der Kaugummiballon platzt und Mama
blickt erschrocken von der Zeitschrift auf. „Mia, wie siehst du
denn aus?"

Mit spitzen Fingern versucht Mama, den rosafarbenen Kaugummi von Mias Gesicht zu entfernen, aber das ist gar nicht

so einfach, denn Kaugummis können sehr klebrig sein. „Wo hast du den eigentlich her? Igitt!" Mama blickt auf ihre Hände, an denen jetzt die rosa Masse klebt. Als sie sich befreien will, macht sie eine hektische Bewegung und kommt dabei aus dem Gleichgewicht. Mia sieht erstaunt zu, wie Mama neben ihr mit den Armen rudert.

„Vorsicht, Mama!", ruft Mia noch. Aber zu spät – Mama rudert gegen den Einkaufswagen und der rollt mitten in das Regal mit den Kaugummis hinein. Es scheppert laut und dann regnet es plötzlich bunte Kaugummipackungen.

Mama wird tomatenrot, als sie sieht, was sie angerichtet hat. Mia blickt in Mamas Tomatengesicht und findet es eher lustig. „Das kann doch mal passieren", sagt sie lachend.

„Alles halb so schlimm!", meint auch ein netter älterer Herr hinter ihnen. „Wollen Sie wirklich alle Kaugummis kaufen?" Er zwinkert Mia zu. Mia hält sich die Hände vor den Mund und kichert.

„Vielleicht nehmen wir erst mal eine", stammelt Mama und legt die offene Packung von Mia in den Einkaufswagen. So ein Durcheinander! Zum Glück hilft der nette Herr Mia und Mama beim Aufräumen.

Während Mama die letzten Kaugummis vom Boden aufsammelt, zieht die Kassiererin die Sachen über das Band und legt sie gleich in Tüten verpackt in den Einkaufswagen, damit die Schlange nicht noch länger wird. Mama bezahlt mit hochrotem Kopf und dann schiebt sie Mia und den Einkaufswagen schnell in Richtung Parkplatz.

Obwohl sich Mama beeilt, aus dem Supermarkt zu kommen, dauert es noch eine ganze Weile, bis sie endlich am Auto sind. „Oh nein – das Vanilleeis!" Jetzt erst fällt es Mia wieder ein.

„Was für ein Eis?", fragt Mama verwundert.

„Na, das aus dem Angebot", sagt Mia kleinlaut.

Sie ahnt Schlimmes, als Mama die Tüten öffnet und nach der Eispackung sucht. Bestimmt gibt es jetzt richtig Ärger, weil das Eis längst geschmolzen ist … Doch Mama fragt nur: „Möchtest du auch einen Schluck von der Vanillemilch, kleines Milchmonster?" Mia lächelt erleichtert. Sie schlürfen gemeinsam von dem weichen Eis und machen sich dann auf den Weg nach Hause.

Als sie dort ankommen, wartet Papa schon. Mia springt in seine Arme. „Hallo, meine kleine Große! Wart ihr einkaufen?", fragt er und drückt Mia einen Kuss auf die Wange. Mia nickt und rennt zurück in den Flur, wo Mama gerade ihre Handtasche aufhängt. „Wir haben keine Milch mehr!", ruft Papa ihr hinterher. „Habt ihr welche mitgebracht?"

„Na klar!", antwortet Mia. „Milch für dich und das Milchmonster.

Und Kaffee, Sahne und Zucker und Kaugummis für Mama und mich", zählt Mia auf. „Nur Vanilleeis haben wir leider vergessen", sagt sie grinsend.

Papa schaut Mama fragend an, doch sie sagt nichts, sondern schmunzelt nur geheimnisvoll.

„Versteh einer die Frauen!", meint Papa achselzuckend und nimmt eine Einkaufstüte.

„Nächstes Mal gehen wir besser zu Bauer Lehmann", seufzt Mama.

„Muuhh!", macht Mia. Und dann lachen alle drei.

Beim Zahnarzt

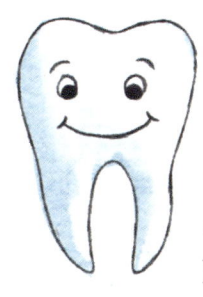

Mia angelt sich einen Schokokeks nach dem anderen. „Hmmm … die schmecken wirklich lecker!“, sagt sie zu Wolle, ihrem Kuschelschaf. „Möchtest du etwa auch einen abhaben?“ Doch Wolle hat heute leider Bauchweh. „Dann esse ich einfach für dich mit“, meint Mia. Genüsslich stopft sie sich einen weiteren Keks in ihren schokoverschmierten Mund.

„Mia, hast du dir schon die Zähne geputzt?“, ruft Papa aus dem Badezimmer. „Wir gehen doch gleich zum Zahnarzt!“

„Oh nein!“ Mia zuckt zusammen und verschluckt sich vor Schreck fast an dem Schokokeks. Den Zahnarzttermin hatte sie ja vollkommen vergessen!

Mias Knie werden ganz weich und wackelig. „Muss ich denn wirklich zum Zahnarzt?“, fragt sie mit zittriger Stimme. „Kann Wolle nicht statt mir hingehen?“

Das Kuschelschaf ist nicht gerade begeistert von diesem Vorschlag. „Wolle kann natürlich gerne mitkommen. Aber zuerst müssen wir deinen Schokomund sauber machen“, sagt Papa und hält Waschlappen und Zahnbürste in die Höhe.

Er putzt seine Zähne und dann ist Mia an der Reihe. Mia putzt diesmal extra langsam, Zahn für Zahn.

„Ich kenne niemanden, der gerne zum Zahnarzt geht“, erklärt Papa ihr. „Aber heute steht ja zum Glück nur eine Kontrolluntersuchung an. Die ist gar nicht schlimm, denn der Zahnarzt schaut einfach nur nach, ob deine Zähne alle gesund sind." Papa streichelt Mia beruhigend über den Kopf und wischt ihr dann mit dem Waschlappen über den Mund. Mia ist trotzdem ziemlich mulmig. Ihr Bauch fühlt sich auf einmal ganz leer und blubberig an, obwohl er doch eigentlich voll mit Schokokeksen ist.

Was ist, wenn der Zahnarzt ein Loch findet? So wie bei Emma? Emma ist Mias beste Freundin. Bei ihr hat der Zahnarzt gleich zwei Löcher entdeckt und Emma isst auch schrecklich gerne Schokokekse. Deshalb befürchtet Mia Schlimmes und schleicht sich aus dem Badezimmer, um sich zu verstecken. Wenn keiner sie findet, kann sie auch nicht zum Zahnarzt gehen.

Mia will gerade in Mamas Kleiderschrank klettern, als Papa ihre Hand nimmt. „Komm, meine Kleine", sagt er und lächelt aufmunternd. „Gemeinsam schaffen wir das schon."

Vor der Arztpraxis steht ein Schild mit einem großen weißen Zahn drauf, der lächelt. Mia ist überhaupt nicht nach Lächeln zumute. Am liebsten würde sie auf der Stelle umdrehen, aber Papa hält ihre Hand ganz fest, öffnet die Tür und zieht Mia mit sich. Als beide die Praxis betreten, kommt ihnen ein komischer Geruch entgegen. Mia verzieht das Gesicht und hält sich die Nase zu. „Igitt! Das riecht ja schon nach Loch im Zahn!"

Eine Zahnarzthelferin kommt vorbei und grüßt freundlich. „Schau mal, Wolle, die hat aber einen komischen weißen Kittel an!", flüstert Mia ihrem Schaf zu.

Am Tresen müssen sie kurz warten und dann gibt Papa die Versicherungskarte ab.

„Bitte nehmen Sie doch noch einen Moment im Wartezimmer Platz!", sagt die freundliche Zahnarzthelferin und zeigt ihnen den Weg um die Ecke.

Im Wartezimmer stehen ein paar Stühle um einen Tisch mit Zeitschriften drauf. An einer Wandseite befindet sich ein Aquarium mit vielen bunten Fischen und kleinen Schildkrö-

ten drin und außerdem gibt es eine Ecke für Kinder mit Spielzeug und Büchern.

Eigentlich sieht es hier ganz nett aus, stellt Mia fest. Doch ein großes Bild an der Wand, auf dem ein Gebiss mit allen Zähnen abgebildet ist, erinnert sie gleich wieder daran, warum sie hier sind.

Mia setzt sich neben Papa, der in einer der Zeitschriften blättert. Sie versucht, still zu sitzen, aber in ihr drin kribbelt es vor Aufregung ganz gewaltig. Mia weiß nicht so recht, was sie gegen das Kribbeln machen soll. Erst baumelt sie mit ihren Beinen hin und her und dann wippt sie auf dem Stuhl auf und ab. Doch das Kribbeln will einfach nicht verschwinden.

„Magst du dir vielleicht ein Buch ansehen?", fragt eine ältere Dame, die ebenfalls wartet. Sie sieht ein bisschen aus wie Mias Oma. Oma hat keine Zähne mehr, nur ein Gebiss, das sie ständig sucht. Ohne das Gebiss sieht Mias Oma ziemlich lustig aus – so ähnlich wie eine der Schildkröten in dem Aquarium. „Mach mal aaaaaah!", sagt Mia zu der Schildkröte. Die Dame muss herzhaft lachen. Und da fühlt sich Mias Bauch auf einmal nicht mehr ganz so leer an.

Mia nimmt sich ein Buch und blättert darin herum. Eigentlich kann sie noch nicht so gut lesen, doch sie tut einfach so, als könnte sie es schon. Dabei vergisst sie fast, dass sie in der Zahnarztpraxis sitzt. Doch dann werden Mia und Papa aufgerufen. „Bitte ins Sprechzimmer 3!" Mia schleicht mit hängendem Kopf hinter Papa her. Und Wolle schleicht mit hängenden Ohren hinter Mia her.

„Hallo, Mia!", sagt der Zahnarzt und reicht ihr lächelnd die Hand. Er sieht gar nicht so schrecklich aus, wie Emma erzählt hat. „Na, hast du jemanden zur Verstärkung mitgebracht? Oder soll ich mir seine Zähne auch einmal ansehen?" Der Zahnarzt meint nicht Papa, sondern Wolle. „Alles in Ordnung", sagt er, nachdem er das Schaf gründlich untersucht hat.

Dann ist Mia dran, ob sie will oder nicht. Mit zusammengepressten Lippen klettert sie auf den Behandlungsstuhl und schließt die Augen.

„Bitte die Augen noch einmal auf!", sagt der Zahnarzt schmunzelnd. „Bevor es richtig losgeht, möchte ich dir noch alle Instrumente zeigen."

„Hier gibt es Musikinstrumente?", staunt Mia.

„Nein", lacht der Zahnarzt und Mia kann seine schönen weißen Zähne sehen. „Instrumente nennt man die Werkzeuge, mit denen wir Zahnärzte arbeiten." Musik wäre Mia in diesem Moment viel lieber, aber ein Zahnarztbesuch ist ja nun mal kein Wunschkonzert!

Der Zahnarzt zeigt Mia Pinzetten, Bohrer und Watteröllchen. Anschließend nimmt er einen kleinen Spiegel und leuchtet mit der Lampe in ihren Mund hinein. Er sieht sich alle Zähne ganz genau an.

„Das hat ja gar nicht wehgetan!", stellt Mia überrascht fest, als er fertig ist.

„Deine Zähne sind ja auch alle gesund!", meint der Zahnarzt und gibt ihr einen Becher voll Wasser zum Mundausspülen.

„Man sieht, dass du sie dir fleißig putzt."

Gott sei Dank sieht der Zahnarzt nicht, dass Mia genauso fleißig Schokokekse futtert!

Weil Mia so gut mitgemacht hat, bekommt sie einen Stempel mit einem lächelnden Zahn auf die Hand. Und weil Wolle keinen Stempel auf seinem Fell mag, bekommt das Schaf eine neue Zahnbürste und Zahnpasta geschenkt. Erleichtert, dass der Zahnarzt bei ihr kein Loch gefunden hat, klettert Mia vom Stuhl herunter. Das Kribbeln im Bauch hat sich in Luft aufgelöst.

„So, dann bin ich wohl dran!", meint Papa. Langsam nimmt er Platz und öffnet seinen Mund. Auch bei Papa schaut der Zahnarzt ganz genau hin.

„Oh!", sagt er plötzlich und runzelt die Stirn. „Was haben wir denn da?" Mit einem Schlag wird Papa ganz blass im Gesicht. „Ein Loch im Weisheitszahn!", stellt der Zahnarzt fest.

„Muss der Zahn etwa raus?", fragt Papa und seine Stimme zittert ein klein wenig.

„Nein", antwortet der Zahnarzt. „So schlimm ist es nicht. Aber wir müssen wohl bohren und eine kleine Füllung machen."

Er schaut auf seine Uhr. „Bitte lassen Sie sich dafür einen neuen Termin geben. Heute schaffen wir das leider nicht mehr."

„Muss ich da auch mitkommen?", fragt Mia.

„Nein", antwortet der Zahnarzt schmunzelnd. „Das ist wohl nicht nötig."

„Ist es doch!", ruft Papa wie aus der Pistole geschossen und fügt dann schnell hinzu: „Natürlich nur zur Unterstützung."

Mia grinst und nimmt ihren Papa an die Hand. „Komm, mein Großer", sagt sie augenzwinkernd. „Gemeinsam schaffen wir das schon!"

Auf dem Spielplatz

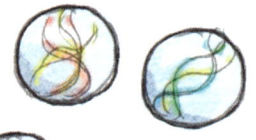

Mias beste Freundin aus dem Kindergarten ist Emma. Emma wohnt in einem Haus mit einem großen Hinterhof. Das Gute an dem Hinterhof ist der Spielplatz in der Mitte, findet Mia. Er hat zwei Schaukeln, eine große rote Wippe, ein richtig tolles Klettergerüst und eine Wellenrutsche, auf der man sogar zu zweit rutschen kann. Jeden Tag treffen sich mehrere Kinder aus dem Haus auf dem Spielplatz und spielen dort gemeinsam.

Bei Mia zu Hause klingelt das Telefon. „Ich geh ran!", ruft Mia und springt vom Küchentisch auf. „Hallo, wer ist da?"
„Hallo, Mia", hört sie Emmas Stimme. „Magst du heute mit mir spielen?"
„Klar wie Kloßbrühe", antwortet Mia und will sich schnell ihre Jacke holen.
Doch Mama hat da auch noch ein Wörtchen mitzureden. „Räum bitte erst noch dein Zimmer auf!", sagt sie und zeigt auf einen Haufen Spielzeug, der sich in Mias Zimmer breitmacht. „Danach kannst du dich gerne mit Emma treffen."
Zähneknirschend macht sich Mia an die Arbeit. Doch dann stellt sich heraus, dass Aufräumen manchmal ganz hilfreich sein kann. Mia findet nämlich den Beutel mit den Murmeln

wieder, den sie schon so lange gesucht hat. Die Spaghettimurmeln mag Mia am liebsten. Sie sind so schön bunt und es sieht wirklich aus, als steckten kleine Nudeln in ihnen drin.

Mia packt den Beutel ein und macht sich auf den Weg zu Emma. Ihre Freundin wartet bereits im Innenhof auf der Schaukel. „Lass uns um die Wette schaukeln!", ruft sie Mia fröhlich entgegen.

Mia und Emma schaukeln wahnsinnig schnell und hoch – so hoch, dass sie sich fast überschlagen. Das macht richtig Spaß! Aber auch sonst kann man auf dem Spielplatz viel erleben.

Elias, Feli, Tristan und Nico sind heute nämlich ebenfalls da. „Wir spielen Räuber und Gendarm!", brüllt Nico, der natürlich der wildeste aller Spielplatzräuber ist. Er klettert blitzschnell am Gerüst hinauf und balanciert leichtfüßig über die Hängebrücke. „Auf ihn mit Gebrüll!", schreit Mia und klettert genauso flink hinterher. Mia ist zwar ziemlich langsam, wenn es ums Zimmeraufräumen geht, aber ziemlich schnell beim Räuberfangen. Bald hat sie Nico eingeholt und sperrt ihn in das Verlies unter der Rutsche. Dort gibt es für Räuber nichts zu essen außer Sandkuchen.

Nachdem alle Räuber gefasst sind, packt Mia ihre Murmeln aus. Mia ist nicht nur eine gute Räuberfängerin, sondern auch eine richtig tolle Murmelmeisterin. „Schau dir das Katzenauge an", sagt sie stolz zu Emma und hält die funkelnde Murmel ins Sonnenlicht. „Das ist richtig wertvoll, dafür bekomme ich mindestens zehn Spaghettimurmeln!"
Mia und Emma sind so sehr in ihr Spiel vertieft, dass sie nicht bemerken, wie sich jemand an sie heranschleicht. Es ist ein fremder Junge, der plötzlich in den Sand springt und sich Mias Katzenauge schnappt.
„He, was soll das?", ruft Mia. Sie ist außer sich vor Wut – ihr Kopf wird feuerrot und ihre Unterlippe zittert. Obwohl der fremde Junge viel größer ist als sie selbst, hat Mia überhaupt keine Angst. Schließlich ist sie nicht alleine. Emma und die anderen sind ja auch da. „Gib sofort mein Katzenauge zurück!", fordert sie den Jungen auf.
„Hol es dir doch!", meint der Junge und grinst frech. Doch er hat nicht damit gerechnet, dass Mia zwar klein ist, aber eine

große Wut auf Diebe hat. Und große Wut macht mutig.

„Auf ihn mit Gebrüll!", schreit Mia und ihre Freunde wissen sofort, was zu tun ist.

Gemeinsam kreisen sie den Jungen ein, genau so, wie man Räuber und Gendarm spielt. Der Junge ist ziemlich überrascht und weicht ein paar Schritte zurück, um zu fliehen. Doch dabei stolpert er über Mias Murmelbeutel. Alle Murmeln kullern durch die Gegend und als der fremde Junge weglaufen will, rutscht er auf ihnen aus und rollt dann ebenfalls auf dem Boden herum. Mias Katzenauge hat er vor Schreck fallen gelassen. Es fliegt in hohem Bogen durch die Luft und landet dann im Sand vor Mias Füßen. Dem Jungen ist das Ganze so peinlich, dass er sich aufrappelt und das Weite sucht. „So schnell wird der hier wohl nicht wieder auftauchen", ist sich Emma sicher.

Mia ist froh, dass der Junge das Katzenauge nicht klauen konnte, und packt erleichtert ihre Murmeln ein. „Es ist schon ganz schön spät und ich muss bald nach Hause." Aber ein Schweinebaumel zum Abschluss muss einfach sein, findet sie. Nicht jeder ist so mutig und lässt sich kopfüber am Gerüst hängen. Und nicht jeder baumelt so wild hin und her wie Mia.

„Ich mache Wildschweinebaumel!", ruft sie vergnügt und die anderen Kinder müssen lachen. Doch da passiert es: Mia kann sich nicht mehr halten, rutscht ab und plumpst auf den Boden – mitten in eine Pfütze hinein! Zum Glück hat sie sich nicht weiter wehgetan. Allerdings ist Mia von oben bis unten mit Matsch bedeckt. „Zu einem Wildschweinebaumel gehört natürlich auch ein richtiges Wildschwein!", sagt sie und wischt sich den Matsch aus dem Gesicht. Nun muss Mia aber wirklich nach Hause und in die Badewanne, denn Wildschweine sieht ihre Mama nicht so gerne in ihrer Wohnung rumspringen.

Als Mia verdreckt und triefend nass zu Hause ankommt, werden Mamas Augen riesengroß „Was hast du denn gemacht?", fragt sie besorgt.

„Das siehst du doch", sagt die mutigste aller Mias. „Eine große Sauerei!"

Ein Regentag zu Hause

 Plitsch, platsch, plitsch, platsch! Die Regentropfen schlagen gleichmäßig gegen das Kinderzimmerfenster. Heute ist einfach kein gutes Wetter, um mit Emma draußen zu spielen. Mia drückt ihre Nase am Fenster platt. „Blöder Tag", murmelt sie und betrachtet den Abdruck, den ihre Nase auf der Scheibe hinterlassen hat.

Mama schaut auf den Fleck und meint dann schmunzelnd: „Auch ein Regentag ist ein guter Tag – ein guter Tag zum Putzen und Aufräumen!" Sie stupst Mia aufmunternd an und geht in den Flur.

Mia verdreht nur die Augen.

Und schon ist Mama dabei, die Putzsachen und den Staubsauger aus der Abstellkammer zu holen. Doch in Mias Zimmer kann sie noch nicht mit Staubsaugen anfangen, denn überall auf dem Boden verteilt liegen Kuscheltiere, Puzzleteile, Legosteine und Anziehsachen. Mama schüttelt den Kopf und sieht Mia mit ernstem Gesicht an. „Ich sauge jetzt erst einmal im Wohnzimmer und du machst hier klar Schiff!"

Mia hat keine Lust zum Aufräumen und ein Schiff will sie auch nicht klarmachen. Lustlos schiebt sie die Legosteine beiseite. Dabei fällt ihr Blick auf die Kuscheltiere. „Hallo, Löwe! Wollen wir Urwald spielen?"

Natürlich hat der Löwe Lust, denn Mias Zimmer ist der beste Urwald, den man sich wünschen kann. Mia kämpft sich durch dichtes Gestrüpp, vorbei an giftigen Schlangen und wilden, hungrigen Tieren.

Plötzlich steht Mama mitten im Dschungel. „Mia, du sollst doch aufräumen und nicht noch mehr Unordnung machen!", sagt sie und räumt ein paar Legosteine in die Kiste zurück.

„Ich will aber viel lieber spielen!", mault Mia und macht einen Schmollmund. „Am liebsten draußen mit Emma. Mir macht der Regen nämlich gar nichts aus!"

Aber Mama macht das Durcheinander im Kinderzimmer etwas aus und sie besteht darauf, erst einmal Ordnung zu schaffen. Widerwillig legt Mia den Löwen zu den anderen Kuscheltieren aufs Bett, setzt sich auf den Boden und räumt die restlichen Legosteine in die Legokiste und die Puzzleteile wieder in die Schachtel

zurück. Dann fängt Mia mit den Anziehsachen an. Was hat sich denn da unter dem roten Kleid versteckt? Mia hebt es hoch und staunt: das Quietscheentchen! Es gehört doch eigentlich ins Badezimmer!

Da hat Mia eine geniale Idee: Sie schnappt sich den Regenmantel, die Gummistiefel und das Quietscheentchen. Dann schleicht sie auf Zehenspitzen den Flur entlang und verschwindet so schnell, dass es niemand mitbekommt, im Bad.

„Mia, bist du fertig mit Aufräumen?", will Mama nach einer Weile wissen. „Mia?" Mama schaut sich im Kinderzimmer um. Der Fußboden ist schon sehr viel ordentlicher, doch Mia ist nirgends zu sehen. Mama wundert sich – wo steckt Mia bloß? Aus dem Bad kommen komische Geräusche: plitsch, platsch, plitsch, platsch! Es hört sich fast so an wie der Regen draußen. Vorsichtig öffnet Mama die Tür und lugt ins Badezimmer hinein. „Sag mal, was machst du denn da?" Mama klappt die Kinnlade herunter.

Mia steht mit Matschhose, Regenjacke und Gummistiefeln in der halb vollen Badewanne. Sie hüpft auf und ab und das Quietscheentchen schaukelt dadurch wie auf hoher See hin und her.

Mama schlägt die Hände über dem Kopf zusammen, als sie die Pfützen auf dem Boden sieht. „Was ist denn hier los?!" Doch nach einer kurzen Schrecksekunde fängt sie an zu lachen. „Ach, was soll's. Das Bad wollte ich eh noch putzen!" Sie holt einen Eimer und einen Wischmopp. „Du kannst mir ja dabei helfen, Mia!" Mama schrubbt die Wände und Mia schrubbt den Boden. Und Wolle, das Kuschelschaf, sorgt dafür, dass alles wieder trocken wird. Als Mia und Mama fertig sind, blitzt und blinkt das ganze Bad. „Weißt du was?", sagt Mama und stellt das Putzzeug zurück in die Kammer. „Zur Belohnung backe ich uns einen Kuchen!"

„Lecker!" Mia ist begeistert und stellt sich vor, wie sie die Teigreste aus der Schüssel schleckt. Dabei hilft sie ja noch viel lieber! Es gibt nichts besseres als Kuchenteig. Gemeinsam gehen Mama und Mia in die Küche. Dort ist es kuschelig warm und der Regen prasselt leise gegen die Fensterscheibe. Mia grinst Mama an und sagt: „Auch ein Regentag ist ein guter Tag – ein guter Tag zum Kuchenbacken!"

Mama und Mia backen Kuchen

Kuchenbacken macht sehr viel Spaß, besonders wenn man eine so gute und erfahrene Kuchenbäckerin wie Mia ist. Mama hat Mia ihre Schürze gegeben, die mit den vielen Herzchen drauf. Damit fühlt sich Mia immer gleich wie eine richtige Bäckerin. Auch Mama trägt eine Schürze und beugt sich stirnrunzelnd über das Backbuch. „Mmh …", murmelt sie und kneift die Augen zusammen, um die kleine Schrift zu erkennen. „Was brauchen wir denn noch mal für den Teig?"

Mia weiß das ganz genau, sie kann die Zutaten fast schon im Schlaf aufzählen: Für einen Erdbeerkuchen braucht man Mehl, Eier, Vanillezucker, Zucker, Butter und Backpulver, damit der Teig schön aufgeht.

Und außerdem braucht man natürlich Erdbeeren!

Mia muss als Erstes probieren, ob die Beeren noch in Ordnung sind. Eine Erdbeere nach der anderen landet in ihrem Mund. „Köstlich!", findet Mia.

Mama findet allerdings, dass Mia nun genug probiert hat. „Sonst haben wir ja keine Beeren mehr für den Kuchenbelag!"

Zuallererst ist aber der Kuchenboden dran. Mama versucht, das Rezept zu entziffern.

„Den Zucker und den Vanillezucker mit den Eiern schaumig rühren", liest sie vor.

„Das kann ich!", denkt Mia, holt sich den Schneebesen und wartet, bis Mama die glibberigen Eier in die Schüssel mit dem Zucker geschlagen hat.

„Guck mal, Mama, wie gut ich das kann!" Mia rührt und rührt und rührt, so schnell, dass einem schwindelig vom Zusehen wird.

„Nicht so wild!", sagt Mama und will Mia helfen. Doch Mia will sich nicht helfen lassen. Sie kann das schon ganz gut alleine. Mia zieht die Schüssel weg und – *platsch*! Der Teig landet auf dem Küchenfußboden. Mia macht ein erschrockenes Gesicht. Mama ist ziemlich sauer. „Mensch Mia, der schöne Kuchenteig!"

Seufzend geht sie in die Knie und wischt mit Küchenpapier die klebrige Masse von den Fliesen. Mia stellt die Schüssel auf den Tisch. „Tut mir leid", sagt sie kleinlaut.

Nachdem das Gröbste beseitigt ist, kramt Mama im Küchenschrank herum und stellt dann fest, dass kein Zucker mehr da ist, um einen neuen Teig zu machen. „Das war's dann wohl mit dem Kuchenbacken."

Mia schießen Tränen in die Augen. Das hat sie wirklich nicht gewollt. Ihr Bauch fängt an zu kneifen und sie bekommt einen Kloß im Hals. Als Mia schnieft und ihr eine dicke Träne über die Wange kullert, nimmt Mama sie in den Arm und drückt sie ganz fest.

„Halb so schlimm", tröstet Mama und trocknet Mias Tränen

mit ihrer Schürze. „Wir haben ja noch Kekse und die Küche war eh noch nicht gewischt! Möchtest du mir vielleicht dabei helfen?"

Mama füllt einen Eimer mit Wasser und jeder von ihnen schnappt sich einen Lappen. Und dann schrubben die beiden um die Wette. So lange, bis der Boden blitzt und man von ihm Kuchen essen könnte. Mama bekommt einen roten Kopf dabei und Mias Gesicht fängt an zu glühen. „Jetzt sehen wir selber aus wie zwei leckere Erdbeeren!", kichert Mama. Mia grinst. Und dann hat sie plötzlich einen Einfall. „Wir können doch Erdbeeren mit Schlagsahne essen!"

„Gute Idee! Die Sahne muss allerdings erst noch geschlagen werden. Das mache ich dann mal besser alleine", sagt Mama augenzwinkernd und Mia hat ausnahmsweise einmal nichts dagegen.

Sie holt das Rührgerät aus der Schublade und die Sahne aus dem Kühlschrank. Mia fängt schon mal an, die Erdbeeren zu waschen. Mama rührt und rührt und rührt, so schnell, dass sich ein kleiner Strudel in der flüssigen Sahne bildet. Mia staunt, wie sehr Mama sich ins Zeug legt.

„Und wo ist die Sahne?", fragt Mia schließlich neugierig und schaut auf das, was in der Rührschüssel liegt.

„Oh nein!" Mama schlägt die Hände über dem Kopf zusammen und starrt fassungslos auf den goldgelben Klumpen, der vor ihr liegt. Aus der Sahne ist Butter geworden. „Wie konnte das nur passieren?" Mama ist ratlos und sieht auch ein bisschen traurig aus.

Zum Glück ist ja Mia zum Trösten da. „Weißt du was?", meint sie und legt einen Arm um Mama. „Am besten schmecken die Erdbeeren ohne alles!"

Da klingelt es an der Tür. Wer das wohl ist? „Hallo, mein kleiner Sonnenschein! Alles in Butter?", fragt Papa.

„Und wie!", sagt Mia und seufzt. Papa runzelt die Stirn und kommt in die Wohnung gestapft. Er ist pudelnass und hinterlässt eine Spur aus Regentropfen.

„Halt!", rufen Mama und Mia gleichzeitig.

„Wir haben doch gerade sauber gemacht!", erklärt Mia ihrem Papa und deutet auf die Wasserflecken auf dem Boden.

„Ich kann auch wieder gehen", sagt Papa und wedelt mit einer Tüte vom Bäcker herum. „Den Kuchen hier nehme ich dann aber mit!" Da darf Papa ausnahmsweise doch bleiben. An einem Tag mit Hundewetter geht nämlich nichts über eine kalte Schnauze!

Im Schrebergarten

Oma und Opa wohnen in einer kleinen Wohnung in einem riesigen Hochhaus mit einem winzigen Balkon, auf dem ein paar Pflanzen blühen. Die meisten Blumen und Kräuter pflanzt Oma aber in ihrem Garten an – einem Schrebergarten, der nicht weit von der Wohnung entfernt liegt.

„Da kann man die Seele baumeln lassen", meint Opa. Das Schönste an diesem Garten, findet Mia, sind aber nicht das Tulpenbeet oder die Stachelbeersträucher, nicht die Brombeerhecke und nicht der Salatgarten. Das Allerschönste an dem kleinen Garten im Tulpenweg 23 ist ein Baum, der in der Mitte des Gartens steht – Mias Kletterbaum.

Opa hat neben dem Baum eine Rutsche aufgebaut. Wenn man auf die Rutsche klettert, dann kann man entweder mit Riesenkaracho runterrutschen oder man klettert mitten in den Baum hinein, dem Himmel entgegen. Am liebsten lehnt Mia dann ihren Kopf an einen dicken Ast und lauscht den Vögeln und dem Rascheln der Brombeerhecke.

„So still wie im Kletterbaum ist unsere kleine Mia sonst nie", sagt Opa dann immer schmunzelnd.

Heute ist ein schöner sonniger Tag zum Seelenbaumeln. Was kann es da Besseres geben, als mit Oma und Opa in den Schrebergarten zu fahren und Blumen zu gießen?

Ganz klar: Mit Oma und Opa in den Schrebergarten fahren und auf den Kletterbaum klettern! Ja, das hält Mia für eine sehr gute Idee. Sie war schon lange nicht mehr bei ihrem Kletterbaum und es wird höchste Zeit, mal wieder auf ihm herumzuturnen.

„Du meine Güte! Wir müssen dringend mal Unkraut rupfen!", stellt Oma fest, als sie den Garten sieht. „Willst du mir dabei helfen?"

Mia verschränkt die Arme und überlegt. Eigentlich wollte sie sofort losklettern. Und Unkrautrupfen hört sich genauso langweilig an wie Zimmeraufräumen.

„Meine Große", sagt Opa, „du machst Oma damit eine riesige Freude!" Mia liebt Oma und Opa über alles. Also kniet sie sich neben Oma auf die Erde und fängt an, im Garten herumzurupfen. „Gar nicht so schwer", denkt sich Mia und rupft die nächste gelbe Pflanze raus.

„Halt!" Oma schlägt die Hände über dem Kopf zusammen. „Doch nicht meine Stiefmütterchen!" Dann zeigt Oma Mia, welche Blumen im Garten wachsen sollen und welche Pflanzen nur Platz wegnehmen. „Der ganze Klee zum Beispiel, der muss weg!", erklärt Oma.

„Aber Klee bringt doch Glück!", meint Mia entrüstet. Und genau in diesem Moment findet Mia ein Kleeblatt mit vier Blättern. „Glück können wir wirklich gebrauchen", sagt Oma und lächelt. „Das darfst du ruhig stehen lassen!"

Mit einer kleinen Harke gehen Oma und Mia durch den ganzen Garten und schaffen Ordnung. Und was macht Opa? Opa hat eine Leiter an den Kirschbaum gelehnt und ist gerade dabei, Kirschen zu pflücken. „Mit mir ist gut Kirschen essen", schmunzelt er und steckt sich eine Kirsche in den Mund. „Pass gut auf, Opa. Die Leiter ist ja ganz schön wackelig!", warnt ihn Mia, als sie sieht, wie hoch Opa auf der Leiter geklettert ist. Niemand ist so gut im Klettern wie Mia. Nicht einmal Opa.

Mias Kletterbaum steht gleich neben dem Kirschbaum. Nachdem sie Oma so gut geholfen hat, ist nun eine kleine Verschnaufpause angesagt. Flink wie ein Äffchen klettert Mia auf ihren Baum hinauf. Ganz oben hat Opa ein kleines Baumhaus gebaut. Dort kann man sitzen und die ganze Kleingartenkolonie überblicken. Mia liebt es, hoch oben

im Baum zu sein und einfach nur in die Luft zu schauen. Manchmal zählt sie die Wolken und manchmal träumt sie dabei ein wenig vor sich hin. Dann ist sie in ihrer ganz eigenen Welt und zum Beispiel eine Piratenprinzessin, die auf ihrem Schiff über die Weltmeere segelt und in einen großen Sturm gerät.

Plötzlich hört Mia ein Geräusch. Es hört sich an, als ob jemand leise „Mia!" ruft. Mia schaut sich um und sieht ganz oben im Kirschbaum zwischen all den Kirschen zwei kleine Augen funkeln. Sie gehören zu einem winzigen Bündel aus Fell – einer kleinen Katze.

„Miauuuu!", tönt es ängstlich durch die Blätter. Das Kätzchen ist höher geklettert als Opa und sogar noch höher als Mia. Und nun sitzt es auf einem Ast fest und traut sich nicht wieder herunter. So ein Katzenjammer!

„Was machen wir denn da?" Opa kratzt sich am Kopf. Das Kätzchen maunzt herzzerreißend.

„Arme kleine Miezekatze", flüstert Mia, um das Kätzchen zu beruhigen. „Warte ab, wir retten dich!" Doch wie sollen sie das anstellen?

„Mit der Leiter komme ich nicht ran, das ist einfach zu hoch!", sagt Opa.

„Und zu gefährlich!", fügt Oma hinzu, die unter dem Kirschbaum steht und die wackelige Leiter betrachtet.

„Ich habe eine Idee!", ruft Mia da. Blitzschnell klettert sie auf die Rutsche, rutscht vom Baum herunter und rennt zum Schuppen. Dort steht Opas Kescher, mit dem er normaler-

weise den Swimmingpool sauber hält. „Hier! Damit kommst du an das Kätzchen ran." Atemlos reicht Mia
Opa den langen Kescher. Damit soll er nun nach der Katze
fischen.

Mia klettert schnell wieder auf ihren Baum. Ihr Herz klopft
laut vor Aufregung und ihre Stimme zittert ein bisschen, als
sie auf das Kätzchen einredet. „Komm, kleine Mieze, hab keine Angst!"

Und tatsächlich – erst zögert es ein wenig, aber dann klettert
das Kätzchen immer weiter auf Mia zu, sodass Opa es mit
dem Kescher erreichen kann.

Erleichtert atmet Mia auf. „Gott sei Dank hat es geklappt",
denkt sie und macht sich wieder auf den Weg nach unten.
Das Kätzchen miaut und rollt im Stoff des Keschers hin und
her.

Sein Fell ist strubbelig und es zittert vor Aufregung, als Opa
es am Boden absetzt. „Das war wirklich ein sehr guter Einfall

von dir", lobt Opa seine Enke-
lin, doch die hat nur Augen
für das Kätzchen.
Mia hat noch nie ein so sü-
ßes Wesen gesehen. „Darf
ich es behalten?", fragt sie und drückt es fest an sich.
„Ich glaube, da wäre jemand sehr, sehr traurig", sagt Oma.
„Das Kätzchen gehört nämlich den Sommerfelds und wird
bestimmt schon vermisst."
Mia ist etwas enttäuscht, dass Mieze nicht bei ihr bleiben
kann. Aber als sie das Kätzchen nach Hause bringen und
das strahlende Gesicht von Frau Sommerfeld sehen, freut
sich auch Mia. „Da hat wohl jemand riesiges Glück gehabt!",
sagt Frau Sommerfeld und bedankt sich bei Mia und Opa.

Abends bringen Oma und Opa Mia zurück nach Hause. „Na,
was habt ihr heute Schönes gemacht?", fragt Papa neugierig.
„Habt ihr wieder einmal Kirschen gepflückt?"
„Ja", sagt Mia und zwinkert Opa zu. „Kirschen und Katzen!"

Abschiedsfest im Kindergarten

Ein Fest ist ja eigentlich etwas Schönes, auf das man sich freuen kann. So richtig Freude will bei Mia allerdings nicht aufkommen, wenn sie an das Abschiedsfest vom Kindergarten denkt. Schon jetzt kullern ihr dicke Tränen über die Wangen, wenn sie sich vorstellt, dass bald ihr letzter Tag im Kindergarten sein wird.

„Du kannst uns jederzeit besuchen und uns von der Schule erzählen!", sagt Eva, Mias liebste Kindergärtnerin. Mia schluckt den Kloß im Hals hinunter. Vor der Schule hat sie ein klein wenig Angst. Wie wird das dort wohl sein? Noch kennt sie niemanden, der mit ihr in die gleiche Klasse kommt. Ihre beste Freundin Emma geht auf eine andere Schule als Mia, deshalb müssen die beiden Freundinnen erst einmal ohne einander zurechtkommen.

„Ich werde dich vermissen", sagt Emma traurig. Mia drückt ihre Freundin ganz fest.

„Ich dich auch!" Wolle, das Kuschelschaf, trocknet Mias Tränen. „Meinst du, Wolle darf auch mit in die Schule?", fragt Mia ihre Freundin. Emma zuckt mit den Schultern. Im Kindergarten war das Kuschelschaf ein gern gesehener Gast. Sie haben zusammen getobt und gespielt, gebastelt und gegessen, sich versteckt und verkleidet. Doch nun ist es Zeit, Abschied zu nehmen, da etwas Neues, Unbekanntes wartet.

Für das Abschiedsfest haben sich Eva und die anderen Erzieherinnen etwas ganz Besonderes ausgedacht, aber sie verraten noch nicht, was genau das sein wird.

Und dann ist er da – der Tag, an dem Mia am liebsten gar nicht aufgestanden wäre. Mit hängendem Kopf hilft sie Mama bei den letzten Vorbereitungen. „Mia, kannst du mal bitte den Apfelsaft holen? Dann müssten wir eigentlich alles haben."

Mia holt den Apfelsaft, allerdings lässt sie sich furchtbar viel Zeit dabei. So viel Zeit, dass Mama und Papa plötzlich ganz hektisch werden. Schnell laden sie alle Getränke ins Auto ein und dann brausen sie los. Fast hätten sie Wolle vergessen. Na so was!

Das Fest findet auf der großen Wiese direkt vor dem Kindergarten statt. Jannis und Lino hüpfen bereits auf der Hüpfburg herum. „Hallo, Mia! Kannst du auch so hoch hüpfen wie wir?", rufen sie.

Mia schenkt den beiden ein kleines Lächeln, aber dann geht sie doch rüber zu Eva und Miriam, die gerade Girlanden in den Bäumen aufhängen. Eigentlich kann Mia richtig gut hüpfen und bestimmt auch höher als Lino, aber irgendwie ist ihr heute nicht danach zumute. Dafür ist sie einfach zu traurig. Als sie daran denkt, dass sie bald nicht mehr zusammen mit den anderen Kindern aus ihrer Gruppe spielen und auch

Eva und Miriam nicht mehr jeden Tag sehen kann, wird ihr Herz ganz schwer. „Willst du uns nicht ein wenig helfen?", fragt Eva da. Beim Anblick der vielen bunten Girlanden geht es Mia gleich ein bisschen besser. Ihr Kuschelschaf verheddert sich ein klein wenig in den Girlanden. „Wolle, was machst du denn für Sachen?" Zum Glück ist Emma da und hilft mit, Wolle zu befreien.

Aus der Kindergartenküche duftet es schon nach Kaffee, Kakao und Kuchen. Wenn man einen dicken Kloß im Hals hat, dann schluckt man ihn am besten mit einem leckeren Stück Schokokuchen hinunter.

„Dürfen wir auch Kaffee trinken?", fragen Mia und Emma aufgeregt. Da sie ja groß genug sind, um in die Schule zu gehen, sind sie wohl auch groß genug, um Kaffee zu trinken! „Ja, klar." Eva lacht. „Für euch gibt es Kinderkaffee!" Dann stellt sie ihren selbst gebackenen Kuchen auf den Tisch. „Auf Wiedersehen" steht in Marzipanschrift darauf geschrieben. Mit zusammengekniffenen Augen probieren Mia und Emma, die Buchstaben zu entziffern. Doch die beiden können noch

nicht richtig lesen. „Weißt du, was das heißt?", fragt Mia ihre Freundin. Emma schüttelt den Kopf. „Ich kann leider auch nur meinen Namen lesen."

„Alles andere lernt ihr aber, wenn ihr in die Schule kommt." Eva lacht die zwei aufmunternd an. „Keine Sorge."

Und dann ist es endlich so weit und die Erzieher verraten, was sie sich Besonderes ausgedacht haben. Erzieherin Biggi hat für jedes Kind ein T-Shirt mitgebracht. Mit Kartoffelstempeln und allen möglichen Farben bedrucken sie die Shirts. „Was für ein hübsches Abschiedsgeschenk!", findet Mama, als sie die fertig bestempelten Hemden sieht. Die bunten T-Shirts werden auf einer Leine zum Trocknen aufgehängt und

wehen sanft im Sommerwind. Ein bisschen Abschieds-
schmerz weht auch mit.

Schließlich macht Biggi noch Musik an und alle Kinder tan-
zen im Kreis. Nur Jannis und Lino hüpfen durch die Gegend,
als wären sie zwei kleine Flummis.

„Mia, kannst du auch so weit hüpfen wie wir?", will Jannis
wissen.

„Ja, klar kann ich das. Aber nicht gerade jetzt." Mia hat nämlich richtig viel Kuchen verputzt und kann nur noch durch
die Gegend rollen. Oder vorm Spiegel sitzen und sich schminken lassen. „Was möchtest du denn gerne sein?", fragt Eva.
Mia denkt kurz nach, was sie am allerliebsten sein will, und
plötzlich weiß sie es ganz genau: „Astronautin!"
Eva ist etwas ratlos. „Das ist aber schwierig zu schminken.
Wie wäre es stattdessen mit einem Clownsgesicht?" Mia ist
damit einverstanden und so wird aus Mia ein Clown und
aus Emma ein Löwe.

Der Tag geht dem Ende zu und das Fest klingt aus. Zum Abschluss bekommt jeder einen bunten Luftballon. Kinder, Eltern und Erzieher stellen sich im Kreis auf. „Danke für die
schöne Zeit, sie hat uns wirklich sehr erfreut!", rufen alle im
Chor. Dann lassen sie die Luftballons los, die hoch und immer höher steigen. Der Himmel sieht aus, als hätte er bunte
Sommersprossen.

„Auf Wiedersehen, Biggi, tschüssiküssi, Eva!", rufen Mia und
Emma. Die beiden werden von den Erzieherinnen fest ge-

drückt. Ein paar Tränen fließen und müssen getrocknet werden, aber dann ist es auch Zeit, nach Hause zu gehen.

Mama, Papa und Mia steigen ins Auto und Mia winkt ihrer Freundin Emma zu. „Bis bald zum Spielen. Ich bringe dann Wolle mit." Wolle? Wo steckt das Schaf bloß? Erschrocken blickt sich Mia um. „Halt! Wir haben Wolle vergessen!"

Mia springt wieder aus dem Auto und rennt zurück auf die Wiese. Mama hilft ihr bei der Suche und gemeinsam sehen

sie überall nach, wo sich Wolle versteckt haben könnte. „Hat jemand Wolle gesehen?" Bei den Tischen und Bänken ist er nicht und auch nicht bei den Stühlen in der Schmink-Ecke.

„Was hängt denn da bei den Girlanden?" Eva zeigt auf ein weißes Wollknäuel.

„Wolle, was machst du dann da?", sagt Mia und schüttelt den Kopf. Es sieht so aus, als ob das Schaf im Kindergarten bleiben will, aber Mia hat da auch noch ein Wörtchen mitzureden. „Sei brav, kleines Schaf, und komm mit nach Hause!"

Abends im Bett fällt es Mia schwer, einzuschlafen, und sie wälzt sich lange Zeit hin und her. Der Tag heute war richtig aufregend. Mia ist zwar müde von den Spielen und den vielen Leuten, aber in ihr drin kribbelt es noch ganz gewaltig und in ihrem Kopf schwirrt es. Im Kindergarten war es so schön. Ob es in der Schule auch so sein wird? Hoffentlich sind die Lehrer so nett wie Eva und Biggi. Zum Glück ist ja Wolle bei ihr und hilft Mia beim Schäfchenzählen. Mia zählt und zählt und zählt und das große Kribbeln lässt langsam nach. Endlich fallen ihr die Augen zu und sie fängt an, von der Schule zu träumen.

Der erste Schultag

Mia reibt sich verschlafen die Augen – vor Aufregung hat sie die halbe Nacht wach gelegen.

Die Sommerferien sind vorbei und heute ist Mias allererster Tag in der Schule.

Mit wackeligen Beinen hüpft Mia aus dem Bett und zieht sich die feinen Sachen an, die Mama für Mia gestern Abend rausgelegt hat. An ihrem ersten Schultag will Mia natürlich besonders schick aussehen.

Dann setzt sie noch ihren neuen himbeerrosanen Schulrucksack auf und spaziert stolz durch ihr Kinderzimmer.

„Ich bin fertig, wir können losgehen!", ruft sie freudig und blickt sich um. Doch Mama und Papa sind nirgendwo zu sehen. „Ich bin fertig!", brüllt Mia noch einmal.

Im Flur ist es dunkel und aus dem Schlafzimmer von Mama und Papa kommen grummelnde Geräusche. Mia öffnet vorsichtig die Tür. „Aufstehen, sonst kommen wir zu spät zur Schule!"

Mama knipst verschlafen die Nachttischlampe an und Papa zieht sich die Decke über den Kopf.

„Oh Mia", stöhnt Mama als sie auf den Wecker schaut. „Es ist doch noch viel zu früh! Geh wieder ins Bett."

„Aber ich kann nicht schlafen", erwidert Mia.

„Na gut, komm her." Mama schlägt die Decke zur Seite und

Mia setzt den Rucksack ab und krabbelt zu Mama ins warme Bett. Aber schlafen kann sie hier irgendwie auch nicht mehr. In ihren Gedanken sitzt sie schon längst auf der Schulbank im neuen Klassenzimmer. Einmal hat sie schon ihre Nase hineingesteckt. Aber wie wird es wohl sein, jeden Tag in die Schule zu gehen? Was ist, wenn das einfach nicht Mias Sache ist?!

Nach einer ganzen Weile, die Mia wie eine halbe Ewigkeit vorkommt, klingelt schließlich der Wecker. Endlich kann der Schultag beginnen!

Mia ist schon fix und fertig und drängelt. „Nicht so trödeln, ihr beiden!", ruft sie Mama und Papa zu. Doch Papa steht im Badezimmer vor dem Spiegel und rasiert sich seelenruhig. Auch Mama bürstet noch ganz gemütlich ihre Haare. Mia kann gar nicht fassen, wie viel Zeit sich ihre Eltern lassen. Schließlich dürfen sie auf keinen Fall zu spät kommen. Ungeduldig läuft sie im Flur hin und her. Da fällt Mia plötzlich ein, dass sie Wolle, ihr Kuschelschaf, vermisst. Wolle muss doch auch mit in die Schule. „Mama, hast du Wolle gesehen?", fragt Mia. Doch Mama schüttelt nur den frisch frisierten Kopf. Auch Papa hat keine Ahnung, wo Wolle stecken könnte. Er ist mittlerweile ebenfalls fertig rasiert und angezogen.

„So, jetzt müssen wir aber los. Sonst kommen wir wirklich zu spät", sagt er und hebt Mias Rucksack hoch. „Der ist aber schwer!", findet Papa. „Soll ich ihn nehmen?"

„Ach was", meint Mia. „Ich bin doch schon groß und stark! Ich kann den allein tragen." Für einen kleinen Augenblick hat sie Wolle wieder vergessen. Aber dann fällt ihr ein, dass ein erster Schultag ohne ihr Schaf kein richtiger erster Schultag ist. Sie will in ihrem Zimmer nach Wolle suchen, doch Mama hält sie davon ab. „Die anderen Kinder warten bestimmt schon auf dich. Komm, wir müssen nun wirklich los!"

In der Schule sitzen alle Kinder gespannt in der Aula. Die älteren Schüler haben sich ein kleines Programm ausgedacht, um den neuen Kindern die Schule vorzustellen. Es gibt viel zu lachen und am Ende einen tosenden Applaus. Doch Mia bekommt alles irgendwie nicht richtig mit. Sie muss die ganze Zeit an ihr Kuschelschaf denken.

Vielleicht hat sie es auf dem Spielplatz verloren? Oder vielleicht hat es ein anderes Kind gefunden und Wolle mit zu sich nach Hause genommen? Dann wird sie nie wieder mit Wolle im Arm einschlafen können. Mia spürt, wie sich ihre Augen mit Tränen füllen. Sie schluchzt leise vor sich hin, als eine freundliche Stimme sagt: „So schlimm ist das alles gar nicht. Komm mal mit in den Klassenraum."

Die Stimme gehört Mias Klassenlehrerin, Frau Fröhlich. Sie nimmt Mia an ihre linke und ein anderes Mädchen an ihre rechte Hand. Dann führt sie die beiden zum Klassenzimmer. Sie laufen durch einen Flur, an dessen Wände bunte Bilder gemalt sind. An der Wand vor dem Klassenraum sieht Mia viele farbige Handabdrücke. „Bald dürft ihr euch mit euren Händen auch dort verewigen", erklärt Frau Fröhlich.

Die Klassenlehrerin ist so nett, dass Mia fast gar nicht mehr traurig ist. Außerdem sitzt Mia neben dem anderen Mädchen, das sie freundlich anlächelt. Neugierig sehen sich alle Kinder im Klassenraum um. Auf dem Fensterbrett stehen bunte Namensschilder. „Wer kann denn schon seinen Namen schreiben?", will Frau Fröhlich wissen. Viele Finger schnellen in die Luft und auch Mia meldet sich. Ihren Namen schreiben kann sie schon ganz lange. Wenn doch nur alles in der Schule so einfach wäre!

Jedes Kind sucht sich sein Namenskärtchen heraus. Dann verteilt Frau Fröhlich einen Stapel mit Fibeln und liest daraus eine Geschichte vor.

„Und nun", sagt Frau Fröhlich und klappt die Fibel zu, „wollen wir mal sehen, ob ihr alle eure Hausaufgaben gemacht habt!" Am Tag der Einschulung hat nämlich jeder ein Heft bekommen und sollte seine Schultüte malen. Mia malt für ihr Leben gern! Die Hausaufgaben hat sie natürlich gemacht und sich ganz besonders viel Mühe gegeben. Sie öffnet schnell den Rucksack, um das Heft herauszuholen.

Nanu? Wer hat sich denn da versteckt?

„Wolle, da bist du ja", ruft Mia erleichtert und alle Kinder drehen sich nach den beiden um.

„Oh!" Frau Fröhlich macht ein erstauntes Gesicht. „Wen haben wir denn da? Einen neuen Mitschüler?"

Mia fällt ein Stein vom Herzen, dass Wolle nicht verloren gegangen ist. Dann gibt sie ihrem Kuschelschaf einen Nasenkuss und es darf den restlichen Schultag ganz vorne auf dem Lehrertisch sitzen und zuhören, was Frau Fröhlich den Kindern erzählt.

Schule ist gar nicht so schrecklich, finden Mia und die anderen. Eigentlich ist es hier sogar ziemlich spannend. Mit Frau Fröhlich als Lehrerin macht der Unterricht richtig Spaß und die Zeit vergeht wie im Flug.

Die letzte Pausenglocke klingelt und alle Kinder werden von ihren Eltern abgeholt. „Und? Wie war der erste Schultag für euch?", fragt Papa und nimmt Mias Rucksack in die eine und Mia an die andere Hand.

„Ganz schön fröhlich!", kichert Mia. Und da spürt sie es plötzlich ganz deutlich: Vor ihr liegt eine aufregende Zeit!

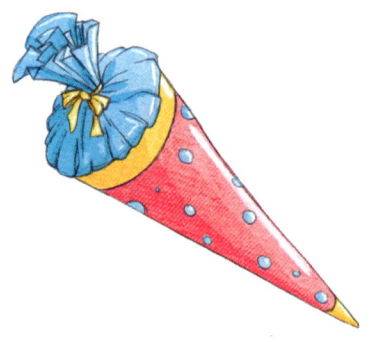

Mia taucht ab

Seit ein paar Wochen geht Mia immer mittwochs in die Schwimmschule zum Schwimmkurs. Mias beste Freundin Emma ist auch dabei. Zusammen wollen die beiden das Seepferdchen machen. „Weil ich Pferde so gerne mag", sagt Mia zu Emma und kichert. In den Sommerferien fahren Mama, Papa und Mia an die Ostsee. Da will Mia dann endlich ohne diese komischen orangefarbenen Schwimmflügel im Wasser rumplantschen können.

Oh, wie Mia sich jetzt schon darauf freut! Wenn sie die Augen schließt, hört sie bereits die Wellen rauschen und die Möwen vor Begeisterung kreischen. Alle werden staunen, wie gut Mia schwimmen kann. Aber erst einmal muss sie es natürlich lernen.

Für den Schwimmkurs hat Mia extra einen neuen Badeanzug bekommen. Mit blau-weißen Streifen und einem roten Herzen in der Mitte. Mias Herz klopft wild vor Aufregung, als sie sich darin vorm Badezimmerspiegel betrachtet. Niemand sieht so schick aus wie sie! Mia dreht und wendet sich nach allen Seiten und macht dabei ein paar Schwimmbewegungen. „Schau mal, Wolle", sagt Mia zu ihrem Kuschelschaf, das auf dem Badewannenrand sitzt und zuschaut. „Ohne Wasser klappt das Schwimmen doch schon ziemlich gut!"

Endlich ist es wieder Mittwoch und die Kinder schwimmen mit blau-weißen Korken im Becken herum. Mia kann nun probieren, ob sie im Wasser genauso schnell lernt wie auf dem Trockenen. Nach und nach werden die Korken weggelassen, so lange, bis sich jeder alleine über Wasser halten kann. „Schwimmen ist gar nicht so schwer", japst Mia und strampelt neben Emma im Wasser herum. „Man muss einfach immer nur oben bleiben!"

„Stimmt!", ruft Emma Mia zu. „Aber manchmal muss man auch nach unten!" Und dann holt sie tief Luft und taucht auf den Beckengrund.

Emma ist so mutig! Mia sieht bewundernd zu, wie ihre Freundin sich unter Wasser bewegt. Ganz leicht und mühelos wie

ein Goldfisch aus dem Teich in Omas Garten. Mia möchte auch so mühelos sein, aber wenn sie abtaucht, dann fühlt sie sich eher wie ein Walross. Beim Tauchen bekommt Mia immer Wasser in die Augen und sieht nichts mehr. Außerdem ist da auch noch das Chlorwasser in der Nase – igitt!

Emma dagegen scheint überhaupt keine Probleme zu haben. Schwungvoll kommt sie wieder an die Oberfläche getaucht. In ihrer Hand hält sie einen roten Ring in die Luft.

„Sehr gut, Emma!", lobt sie der Schwimmlehrer Herr Martens. Er blickt Mia aufmunternd an. „Und du, Mia? Was ist mit dir?"

Mia schwimmt an den Beckenrand und antwortet nicht. Sie weiß, dass zum Seepferdchen nicht nur das Schwimmen, son-

dern auch das Tauchen gehört. Mia liebt Schwimmen über alles. Aber sie hasst Tauchen. Allein wenn sie nur daran denkt, wird es in ihrem Bauch ganz kribbelig und ihre Arme werden weich und schlaff.

„Komm schon, Mia, nun bist du dran!", ruft ihr Herr Martens zu. Doch Mia kann nicht. Sie fühlt sich gerade wie ein Schwimmflügel, aus dem man die Luft rausgelassen hat.

„Du schaffst das schon!", versucht ihr der Schwimmlehrer Mut zu machen. Aber man kann Dinge halt nur schaffen, wenn man sie auch schaffen will. Und Mia will kein Wasser in die Augen und die Nase bekommen, so viel steht fest.

„Pass mal auf", sagt Herr Martens freundlich und wirft einen roten Ring genau vor Mias Füße. „Der ist für dich!"

Mia schaut zu, wie der Ring langsam auf den Beckenboden sinkt. Und mit ihm sinkt auch Mias Laune. Während Emma am Beckenrand aus dem Wasser klettert, steigen Mia die Tränen in die Augen. Den roten Ring auf dem Grund kann sie nur noch ganz verschwommen erkennen. Bis eben war es noch eine so schöne Schwimmstunde gewesen. Doch jetzt ist Mias Freude wie weggeblasen und sie kann nur an die schwierige Aufgabe denken. Was soll sie nur tun?

„Angsthase, Pfeffernase!" Der blöde Benni hat Mia gerade noch gefehlt. Er steht am Beckenrand und grinst Mia schadenfroh an. Sie fühlt, wie in ihr die Wut hochsteigt, und ihr Gesicht wird so rot wie der Ring unter Wasser. Sie rollt mit den Augen, als Benni ihr die Zunge rausstreckt. Dem wird sie es schon noch zeigen!

Eigentlich ist es ja auch gar nicht so schwer. Das Wasser ist flach, sodass man den Ring fast mit der Hand nach oben holen kann. Man muss nur ein winziges kleines bisschen tauchen. Aber Mia hat auch ein winziges kleines bisschen Angst davor. Mit ihrem Zeh stößt sie an den blöden Ring. Und da kommt ihr plötzlich eine Idee.

Sie beobachtet Herrn Martens am Beckenrand. Er zeigt Emma gerade, wie man die Arme halten muss, bevor man ins Was-

ser springt. Für einen kurzen Moment ist er mit seinen Augen woanders. Auch Benni ist gerade dabei, jemand anderen zu ärgern. Niemand denkt mehr ans Tauchen und den Ring am Boden. Niemand achtet mehr auf Mia und – *schwupp!* – hat sie sich den Ring mit dem Fuß geangelt und hält ihn in die Höhe.

Genau in diesem Moment schaut sich Herr Martens wieder nach Mia um. „Das ist ja toll!", ruft er und applaudiert. „Ich habe es doch gleich gesagt: Du schaffst das!"

Mia hält den Ring hoch in die Luft und lächelt. Sie ist zwar ein kleiner Angsthase. Aber sie ist auch ein großes Schlitzohr. Und sie hat heute wieder viel gelernt. Wenn man vor einer schwierigen Aufgabe steht, dann hilft es nichts, einfach abzutauchen. Man muss nur ganz ruhig bleiben und scharf nachdenken – dann findet man immer eine Lösung. Auch wenn man sich mal etwas verrenken muss.

Ein Brüderchen für Mia

Irgendetwas ist anders mit Mama. Mia merkt das ganz genau. Mama isst in letzter Zeit komische Sachen, rennt oft ins Bad und ist irgendwie etwas pummelig geworden.

Eines Abends sitzen Mama, Papa und Mia am Tisch beim Abendbrot. Mama hat gerade ihr Leberwurstbrot mit Marmelade gegessen. „Hör mal, meine kleine Mia", sagt Papa da. „Mama und ich möchten dir etwas erzählen."

„Ein Märchen?", fragt Mia neugierig.

Papa schmunzelt. „So etwas in der Art", sagt er. „Es waren einmal Mama, Papa und Mia …"

„… und dann waren es plötzlich Mama, Papa, Mia und Nummer zwei", fügt Mama lächelnd hinzu. „Wir bekommen ein Baby und du bekommst ein Brüderchen!" Mama legt Mias Hand auf ihren Bauch. Mia staunt – da drinnen steckt also nicht nur das Leberwurstmarmeladenbrot!

„Nummer zwei?" Mia zieht ihre Augenbrauen hoch. „Was ist das denn für ein komischer Name?"

„Weißt du", sagt Mama mit einem Seitenblick auf Papa, „wir müssen uns erst noch auf einen Namen einigen. Deshalb Nummer zwei."

Mia denkt kurz nach, aber ein schöner Name fällt ihr auf der Stelle auch nicht ein. Dafür schießen ganz andere Gedanken durch ihren Kopf. „Muss ich dann mein Zimmer mit Nummer zwei teilen?", fragt sie besorgt. Mama nimmt Mia in den Arm. „Nein, das musst du nicht. Der Kleine schläft erst einmal bei uns im Schlafzimmer." Erst einmal … das hört sich nicht gerade beruhigend an, findet Mia. Was wird sich noch alles verändern, wenn Nummer zwei erst mal da ist? Wird sich die Welt nur noch um Windeln und Babyspielzeug drehen?

Ein paar Wochen später haben Mama und Papa bereits Mias altes Kinderzimmer neu eingerichtet, eine Wickelkommode besorgt, Babysachen und einen neuen Kinderwagen gekauft. Mia muss ihr Zimmer zwar nicht teilen, aber mit dieser komischen Kommode kann sie sich überhaupt nicht anfreunden. Und außerdem reden Mama und Papa die ganze Zeit nur noch von Nummer zwei.

„Wir brauchen auch noch ein Regenverdeck", stellt Mama fest. „Mia, magst du mitkommen und mir bei der Auswahl helfen? Wir könnten im *Simsalabim* vorbeischauen."

Das Simsalabim ist ein kleiner Laden mit Kindersachen in der Lorenzstraße, gleich um die Ecke. Mia hat eigentlich keine Lust. Aber vielleicht kann sie sich die pinkfarbenen Rollschuhe einmal genauer ansehen, die neulich dort im Schaufenster standen. Emma hat zu ihrem Geburtstag so ein Paar

Rollschuhe bekommen und fährt seitdem die ganze Zeit damit in der Spielstraße vor ihrem Haus herum. Als Mia daran denkt, möchte sie doch mit und macht sich blitzschnell fertig. Bis zum *Simsalabim* ist es nicht weit und schon stehen Mama und Mia im Laden und sehen sich um.

Mama entdeckt ein Paar kleine blaue Wollsöckchen. „Schau mal, Mia, sind die nicht toll?"

„Hmm …", macht Mia und ihre Augen wandern durch den Laden. Da entdeckt sie die rosa glitzernden Rollschuhe aus dem Schaufenster. DIE sind toll! Mias Herz klopft auf einmal viel schneller. Aufgeregt zupft sie Mama am Ärmel. „Mama! Schau mal, die tollen Rollschuhe. Ich brauche ganz dringend welche! Emma hat auch ein Paar."

„Mal sehen", murmelt Mama, während sie einen gelben Strampler betrachtet. „Vielleicht bekommst du sie zum Geburtstag."

Mia macht ein enttäuschtes Gesicht. Ihr Geburtstag ist noch ganz lange hin. Wer weiß, ob es genau diese Rollschuhe dann noch gibt? Vielleicht kann Mia sich ja die Rollschuhe herbeizaubern? „Simsalabim", flüstert sie leise. Doch nichts passiert. Mama kauft noch ein Regenverdeck für den Kinderwagen und dann verlassen sie wieder den Laden.

„Wann wollt ihr euch denn entscheiden?", fragt Mia, als sie auf dem Rückweg sind.

„Ich weiß es nicht", sagt Mama in Gedanken versunken. „Einen passenden Namen zu finden ist gar nicht so einfach."

Mia verdreht die Augen und bleibt stehen. „Ich meine doch die Rollschuhe und nicht Nummer zwei!" Immer geht es nur um das Baby!

„Kommst du, Mia?", fragt Mama, die schon ein ganzes Stück voraus ist. Aber Mia bummelt. Absichtlich. „Los, komm", sagt Mama ungeduldig. „Wir wollen doch gleich noch das Babybett aufbauen. Hilfst du mit?"

Mia tut so, als hätte sie Mama nicht gehört. Sie schaut auf den Boden und macht kleine Tippelschritte wie ein Pinguin. Tipp-tapp, tipp-tapp. Plötzlich sieht sie genau vor ihren Füßen etwas am Boden liegen.

Es glitzert und sieht aus wie ein Stück Schokoladenpapier. Wenn man aber ganz genau hinschaut, dann kann man einen kleinen Kettenanhänger erkennen. Mia hebt ihn auf und betrachtet ihn – es ist ein silberner Schutzengel.

„Warte!" Mia rennt so schnell sie kann hinter Mama her. „Schau mal, was ich gefunden habe!" Als Mia ihre Hand öffnet und Mama den Engel sieht, da bleibt Mama vor Staunen der Mund offen stehen.

„Na, so etwas", murmelt sie. „Wenn den nicht der Himmel geschickt hat!" Dann strahlt sie. „Jetzt ist wohl klar, wie Nummer zwei heißen wird!"

Eines Tages ist es dann so weit: Papa fährt mit Mama ins Krankenhaus und Mia bleibt solange bei Oma und Opa. Den ganzen Tag über ist Mia ganz zappelig und unruhig. Ungeduldig springt sie durchs Wohnzimmer, sie kann sich gar nicht auf das Puzzle konzentrieren, das Oma mit ihr machen will. Dafür ist sie viel zu aufgeregt. Bald schon ist das kleine Brüderchen da, denkt Mia und spürt, wie ihr ganz warm wird vor Vorfreude.

Irgendwann klingelt dann endlich das Telefon. Mia rennt mit großen Schritten zu Opa, der gerade den Hörer abnimmt.

„Ja, hallo?", hört Mia ihn sagen. „Oh, wie schön! … Freut uns, dass es allen gut geht. Herzlich willkommen, kleiner Rafael!" Auch Oma freut sich sichtlich über die gute Nachricht. Sie beugt sich lächelnd zu Mia hinunter und nimmt sie in den Arm. „Gratuliere, meine Miamaus. Nun bist du eine große Schwester!"

Mama muss noch drei Tage mit Rafael im Krankenhaus bleiben, aber Papa ist abends wieder zu Hause. „Schau mal, was ich im Krankenhaus gefunden habe", sagt er plötzlich zu Mia. Mia traut ihren Augen nicht – in der Hand hält Papa die pinkfarbenen Rollschuhe.

„Waren die auch in Mamas Bauch?", fragt Mia und strahlt über das ganze Gesicht. Oh wie toll! Jetzt hat sie nicht nur einen kleinen Bruder, sondern auch gleich neue Rollschuhe bekommen. Glücklich bestaunt Mia ihr Geschenk. Es sind genau die aus dem Simsalabim-Geschäft. Sie probiert die Rollschuhe natürlich gleich an und sie passen wie angegossen. Mia schlingt Papa die Arme um den Hals und gibt ihm einen dicken Kuss. Dann ruft sie sofort Emma an, um sich mit ihr zum Rollschuhlaufen zu verabreden.

Als Mama nach Hause kommt, hat Mia schon richtig oft geübt und rollt Mama entgegen. Mama hält ein winziges Baby im Arm – das also ist Nummer zwei. „Mia, das ist dein kleiner Bruder Rafael", sagt Papa.

Mia ist stolz und streichelt ihren kleinen Bruder vorsichtig. Seine Haut ist ganz weich und seine Haare sehen aus wie die von Opa. Ein kleiner Flaum auf einer großen Glatze.

„So hast du auch einmal ausgesehen!", sagt Mama. Mia kann das gar nicht glauben. Rafael sieht so niedlich aus, dass Mia ihn am liebsten ganz fest drücken möchte. „Weißt du was, Nummer zwei?", flüstert sie ihm ins Ohr. „Für mich bist du ab heute die Nummer eins!"